사랑하는 내 딸아

Father's Love Letter

ⓒ 2003 by Barry Adams
Published by Wing Spread Publishers
All rights reserved
Korean Translation Copyright ⓒ 2006 by NCD Publishers

이 책의 한국어판 저작권은 터치북스에 있습니다.
저작권법에 의하여 한국 내에서 보호를 받는 저작물이므로 무단전재와 무단복제를 금합니다.
이 책은 한글성경 번역본으로 〈표준새번역〉영어성경 번역본으로 〈NIV〉를 사용했습니다.
다른 번역본을 인용한 경우는 따로 표기해두었습니다.

FATHER'S LOVE LETTER

사랑하는 내 딸아

배리 아담스 지음 | 우수명 옮김

터치북스

이 책이 나오기까지

1997년 10월 어느 날, 나는 어느 집회에 참석했다. 집회 중에 사람들이 앞으로 나와서 목회자들에게 기도를 받는 순서가 있었다. 그때 나를 위해 기도해 주셨던 한 목사님이 다음과 같은 말씀을 하셨다.

"당신은 아주 작은 아기이고 하나님은 당신의 아버지입니다. 지금 하나님은 당신의 탯줄을 그분과 연결되도록 다시 이어주고 계십니다."

그 당시 나는 불같은 성령의 임재나 어떤 극적인 체험을 한 것은 아니었지만, 그 일을 계기로 하나님을 아버지로서 보다 친밀하게 알고 싶은 마음이 강하게 들었다. 그 후 아홉 달 동안, 나는 하나님의 성품에 대한 모든 책을 찾아 닥치는 대로 읽었고, 하나님의 성품 중에서도 특히 '아버지의 마음'을 주제로 하는 모임에는 빠지지 않고 참석했다.

1998년 6월, 나는 온타리오 주 노스 베이에서 열린 '형제들을 위한 수련회'에 참석했다. 그 모임은 아버지이신 하나님을 보다 더 친밀하게 알기 위한 것이었다. 주말이 끝나갈 무렵, 강사였던 잭 윈터(Jack Winter)가 하나님의 사랑에 대해 깊은 깨달음을 얻을 수 있도록 날 위해 기도해 주겠다고 했다. 잭이 기도할 때 나는 마치 사랑받기 원하는 어린 소년이 된 것처럼 고통과 좌절감을 느끼기 시작했다. 그러나 다른 한편으로는 그런 공허함과 대조되는, 나를 꼭 껴안아 주시는 하나님 아버지의 놀라운 따스함도 느낄 수 있었다. 하나님의 사랑은 파도처럼 밀려와서 어린 아이처럼 상처받고 낙담한 내 마음 깊은 곳을 어루만지기 시작했다.

신학적으로는 항상 하나님을 내 아버지라고 생각했지만, 그토록 몸과 혼과 영이 뒤흔들릴 만큼 강력하게 하나님을 만난 것은 그때가 처음이었다.

이처럼 강렬하게 하나님을 만난 후 나는 성경 구석구석에서 아버지의 사랑이 표현된 말씀들을 찾기 시작했다. 그것은 마치 '환한 불빛이 반짝 켜지는' 그런 경험이었다. 나는 모든 성경구절 가운데서 하나님을 아버지로 묘사한 구절들을 찾아냈다.

어느 날 나는, 성성에서 찾은 말씀들에 빛을 비춰주셔서 하나님의 사랑을 보다 더 깊이 이해할 수 있게 해 달라고 기도하고 있었다. 그때 내 마음속에 세미하게 잔잔한 음성이 들려왔다. "그 성경 구절들을 잘 배열하면 내가 보내는 사랑의 편지가 될 것이다."

그날이 1998년 12월이었고 한 달 뒤인 1999년 1월에 나는, 찾아낸 성경 구절들을 편집해서 재구성했다. 그리고 브라이언 덕슨(Brain Doerksen)의 노래 "신실한 아버지"(Faithful Father)를 배경음악으로 넣었다. 나는 우리 교회에서 그것을 설교 자료로 활용했다.

아버지의 사랑을 전달하는 이 간단한 메시지가 온 회중에 큰 반향을 일으키는 것을 보고 나는 너무나 놀랐다. 이 메시지를 통해 많은 사람들이 아주 친근하고 강렬하게 하나님 아버지를 만나는 것을 보았다.

나는 어디를 가든지 이 간단한 프로그램을 상영했고 그 결과는 언제나 놀라웠다. 사랑받고 싶은 강렬한 욕구는 오직 하나님이 아버지로서 우리를 사랑해 주실 때만이 채워질 수 있음을 더 깊이 깨닫게 되었다. 바로 그때 이런 생각이 스쳤다. '어쩌면 하나님은 더 큰 계획을 갖고 계실지도 몰라! 이 사랑의 편지를 전세계에 보내길 원하시는 게 아닐까?'

그래서 1999년 11월에 웹사이트 '아버지의 러브레터'를 개설했다(www.FathersLoveLetter.com). 그 후 2000년 9월에는 내가 목회하던 교회에 이 새로운 사역-아버지의 러브레터를 나누는 일-에 전념할 수 있게 해달라고 부탁을 해야 할 정도로 그 수요가 많아졌다.

지난 10여 년 동안 140개국이 넘는 나라에서 수만 명이 우리 웹사이트를 방문하여 90여 개의 언어로 번역된 '아버지의 러브레터'를 받아 보았다. 우리의 임무는 1999년 1월, 처음 이 일을 시작할 그날과 같다. 그것은 하나님의 놀라운 사랑에 대해 듣고 경험해야 하는 이 땅의 모든 사람들에게 하나님이 직접 쓰신 사랑의 편지를 배달하는 것이다.

배리 아담스

이제 당신이 읽을 말씀은 진리의 말씀이다.

이 말씀에는 하나님의 마음이 담겨 있다.

이 말씀을 진심으로 받아들인다면

당신의 인생은 변화될 것이다.

하나님은 당신을 사랑하신다.

그분은 당신이 일생동안 찾아 헤매던

바로 그 아버지다.

이 책은 당신을 향한 그분의 '러브레터'다.

사랑하는 내 딸아…

1부 너는 정말 사랑스럽구나!

- 사랑하는 내 딸아
- 너는 나를 잘 모르겠지만 나는 너의 작은 부분까지도 잘 안단다
- 나는 너의 앉고 일어섬을 알며 너의 작은 습관들을 안단다
- 심지어 나는 네 머리카락의 숫자까지도 알고 있지
- 너의 행동 하나하나가 내게는 정말 사랑스럽구나!
- 나는 너를 내 모습 그대로 만들었단다
- 너는 내 품에서 살아 움직이는구나
- 너는 사랑하는 내 딸이기에
- 나는 네가 잉태되기 전부터 널 알고 있었고
- 이 세상을 창조했을 때 이미 너를 선택했단다

차 례

2부 너는 기적이란다!

- 너는 결코 실수로 태어난 존재가 아니야
- 네 삶의 하루하루가 이미 내 책에 기록되어 있단다
- 나는 네가 태어날 가장 좋은 시간과 가장 좋은 장소도 미리 정해두었지
- 너는 놀랍고도 오묘하게 창조되었단다
- 네 어머니의 모태에서 너를 세밀하게 만들었단다
- 드디어 네가 태어나던 그날에 내가 너를 맞이했단다
- 나를 잘 알지 못하는 사람들이 나에 대해 잘못된 이야기를 했더구나
- 나는 너를 진정으로 사랑하기 위해 존재하는 아버지란다
- 그 사랑을 한없이 부어주고 싶구나
- 왜냐하면 나는 네 아버지며 너는 내 딸이기 때문이지

3부 네가 얼마나 귀한 보물인지!

- 나는 세상의 아버지가 줄 수 없는 많은 것을 기꺼이 줄 수 있지
- 나는 네게 온전한 아버지이기 때문이야
- 너에게 가장 좋은 것들을 선물했단다
- 나는 너의 모든 필요를 채울 수 있단다
- 나는 네 미래가 언제나 희망으로 가득하도록 계획했어
- 왜냐하면 한결같은 마음으로 널 사랑하기 때문이야
- 너를 생각하는 마음은 바닷가 모래알보다 더 많아서 헤아릴 수가 없구나
- 나는 너로 인해 기쁨의 노래를 부르곤 하지
- 그리고 나는 언제까지나 너와의 이런 약속을 지킬 거야
- 왜냐하면 너는 나의 존귀한 보물이기 때문이지

4부 내가 너를 꼭 붙잡아줄 거란다!

- 내 온 마음과 사랑을 다해 너를 확고히 세워줄 거란다
- 네가 알지 못하는 크고 비밀한 일을 보여 주고 싶단다
- 네가 온 마음을 다해 나를 찾으면, 틀림없이 나를 만나게 될 거야
- 나를 기뻐하렴. 내가 네 마음의 소원을 이루어줄게
- 왜냐하면 내가 너에게 그런 소원을 주었기 때문이란다
- 나는 네가 구하고 생각하는 것보다 훨씬 더 큰 일을 네게 행할 수 있단다
- 그렇게 난 네게 큰 힘이 된단다
- 나는 너의 모든 고통을 위로하는 아버지란다
- 마음이 상한 네 옆에 바로 내가 있단다
- 목자가 양을 돌봄같이 너를 내 품에 안아 줄게
- 그때에 네가 흘린 모든 눈물을 닦아줄거야

5부 나는 널 예수만큼 사랑하지!

- 나는 내 아들 예수를 사랑한 것처럼 너를 사랑한단다
- 예수를 보면 너를 향한 내 사랑이 얼마나 깊은지 알 수 있단다
- 예수는 나를 그대로 보여준단다
- 예수는 내가 네 편이라는 것을 알려주기 위해 왔단다
- 그리고 내가 너의 죄를 기억하지도 않는다는 사실을 말해주었지
- 내가 너와 다시 예전처럼 가까이 지내기 위해서 예수가 죽었단다
- 예수의 죽음은 너를 향한 내 사랑의 최고의 표현이란다
- 네 사랑을 얻기 위해 내가 사랑했던 모든 것을 포기했단다
- 네가 내 아들 예수를 받아들인다면, 바로 나를 받아들이는 것이야
- 다시는 그 어떤 것도 내 사랑에서 너를 떼어 놓을 수 없을거야

6부 지금 내게 오지 않으련?

- 너를 기다리는 아버지의 집으로 돌아오렴,
  천국에서 가장 큰 잔치를 베풀 거란다
- 나는 언제나 네 아버지였고 앞으로도 영원히 너의 아버지란다
- 나의 자녀가 되어 주겠니?
- 나는 이렇게 너만을 기다리고 있단다

FATHER'S LOVE LETTER

1부

너는 정말 사랑스럽구나!

 Father's Love Letter #01

사랑하는
내 딸아

   하나님은 당신을 품에 안고 이름을 부르며 부드럽게 속삭이고 싶어하십니다. 당신은 그분의 자녀이며 그분은 당신의 아버지입니다. 이 운명 같은 사랑으로 하나님은 당신을 지으셨습니다. 마치 아버지가 어린 자녀를 사랑하듯 당신을 향한 하나님의 사랑을 느낄 때, 당신은 어린 시절에 맛보았던 따뜻한 사랑과 확신을 여전히 마음속 깊이 갈망하고 있음을 깨달을 것입니다.

   하나님이 당신을 보듬어 주실 때, 그 포근한 가슴이 바로 일생동안 찾아 헤매던 품인 것을 알 수 있겠지요. 그동안 당신은 사람들이나 또 다른 무언가로부터 이 포근함을 느끼려고 많이 애썼을지 모릅니다. 그러나 꼭 알아두세요! 그 포근함은 오직 하늘 아버지의 품속에서만 경험할 수 있다는 사실을요.

그 때에 제자들이 예수께 다가와서
"하늘 나라에서는 누가 가장 큰 사람입니까?" 하고 물었다.
예수께서 어린이 하나를 곁으로 불러서, 그들 가운데 세우시고 말씀하셨다.
"내가 진정으로 너희에게 말한다. 너희가 돌이켜서
어린이들과 같이 되지 않으면, 절대로 하늘 나라에 들어가지 못할 것이다.
그러므로 누구든지 이 어린이와 같이 자기를 낮추는 사람이
하늘 나라에서는 가장 큰 사람이다.
또 누구든지 내 이름으로 이런 어린이 하나를 영접하면, 나를 영접하는 것이다."

마태복음 18:1-4

At the same time came the disciples unto Jesus, saying,

Who is the greatest in the kingdom of heaven?

And Jesus called a little child unto him, and set him in the midst of them,

And said, Verily I say unto you,

Except ye be converted, and become as little children,

ye shall not enter into the kingdom of heaven.

Whosoever therefore shall humble himself as this little child,

the same is greatest in the kingdom of heaven.

Matthew 18:1-4

Father's Love Letter #02

너는 나를 잘 모르겠지만
나는 너의 작은 부분까지도 잘 안단다

    하나님은 당신을 친밀하게 알고 계십니다. 그분은 당신 가슴 속 깊은 곳에 꽁꽁 숨어 있는 밝게 빛나는 꿈들도 아시고, 마음 한켠에 드리운 칠흑 같은 두려움도 잘 아십니다. 하나님은 당신을 너무나도 사랑하십니다. 그 사랑은 당신이 지금까지 경험했던 그 어떤 사랑보다도 높고, 깊고, 넓지요. 어쩌면 우리는 어떤 행동이나 조건에 기초한 사랑에 훨씬 더 익숙할지도 모르겠습니다. 그러나 하나님의 사랑은 이 세상 사랑과는 근본적으로 다릅니다. 하나님은 그분의 거룩한 성품으로 당신을 사랑하십니다.

    하나님은 당신이 선한 일을 해서 사랑하는 것이 아니라 그분의 선하심과 인자하심으로 인해 사랑하십니다. 부모가 어린 아가를 바라보며 가슴 깊이 사랑을 느끼듯 하나님은 우리를 깊은 사랑으로 바라보십니다.

"주님, 주님께서 나를 샅샅이 살펴보셨으니,
나를 환히 알고 계십니다."

시편 139:1

O LORD, you have searched me and you know me.

Psalm 139:1

 Father's Love Letter #03

나는 너의 앉고 일어섬을
알고 있단다

    하나님은 당신이 쉽게 지나치는 삶의 작은 부분도 세심하게 살피십니다. 하나님은 당신이 일할 때에도 함께 계시고, 놀 때도 함께하십니다. 당신이 잠들 때에도 눈동자같이 지켜 주시는 하나님은 날마다 반복되는 당신의 평범한 일상을 사랑하십니다. 그분은 결코 당신을 떠나거나 버리지 않으십니다.

    비록 하나님이 머나먼 하늘 보좌에만 계시는 것 같아도 당신을 위해서라면 언제라도 시간을 내십니다. 왜냐하면 그분의 당신에게 관심이 아주 많기 때문입니다.

"내가 앉아 있거나 서 있거나 주께서는 다 아십니다.
멀리서도 내 생각을 다 알고 계십니다."

시편 139:2

You know when I sit and when I rise;

you perceive my thoughts from afar.

Psalm 139:2

 Father's Love Letter #04

심지어 나는 네 머리카락 숫자까지도 안단다

혹시 여러분은 자신의 머리카락이 몇 개인지 알고 있나요? 하나님 아버지는 당신의 머리카락까지 세는 분입니다. 얼마나 섬세한 사랑인지요! 당신이 그다지 대수롭지 않게 여기는 모든 것을 그분이 마음으로 품으신다는 증거입니다.

하나님은 손바닥으로 바다를 퍼 올리시는 위대한 분이지만, 또한 우리의 머리카락을 한올 한올 세실 만큼 섬세한 분이기도 합니다. 당신이 외로움을 느낄 때, 세상에서 혼자라고 생각될 때 당신의 마음결이 어떻게 움직이는지도 다 알고 사랑하시는 하나님을 생각해 보십시오.

"참새 두 마리가 한 냥에 팔리지 않느냐?
그러나 그 가운데서 하나라도 너희 아버지께서 허락하지 않으시면,
땅에 떨어지지 않을 것이다. 아버지께서는 너희의 머리카락까지도
다 세어 놓고 계신다. 그러니 두려워하지 말아라.
너희는 많은 참새보다 더 귀하다."

마태복음 10:29-31

Are not two sparrows sold for a penny?

Yet not one of them will fall to the ground apart from the will of your Father.

And even the very hairs of your head are all numbered.

So don't be afraid; you are worth more than many sparrows.

Matthew 10:29-31

Father's Love Letter #05

너의 행동 하나하나가
내게는 정말 사랑스럽구나

하나님은 당신의 모든 행동을 사랑스러운 눈빛으로 바라보십니다. 하나님이 세상과 만물을 창조하셨음을 당신이 알기 원하십니다. 자신의 가장 소중한 것을 누군가와 나누면 더욱 가까워지는 법이지요. 마찬가지로 하나님은 자신의 소중한 외아들을 당신에게 보내주셨습니다.

당신 가까이에서, 당신과 친밀히 마음을 나누고 싶은 간절한 소망 때문에 하나님이 먼저 다가오셨습니다. 당신이 예수님을 놀라운 선물로 받아들일 때, 주님이 하나님 아버지와 누리신 그 친밀하고 거룩한 관계에 당신도 동참할 수 있습니다.

"내가 길을 가거나 누워 있거나, 주님께서는 다 살피고 계시니,
내 모든 행실을 다 알고 계십니다."

시편 139:3

You discern my going out and my lying down;

you are familiar with all my ways.

Psalm 139:3

 Father's Love Letter #06

나는 너를 내 모습
그대로 만들었단다

하늘과 땅을 창조한 후에도 하나님의 마음은 허전하셨습니다. 그분의 창조가 완성되지 않았기 때문입니다. 그분은 창조의 정점에서 자신의 모습을 따라 사람을 만드셨습니다. 성경에는 하나님이 "그의 코에 생명의 기운을 불어넣으시니"(창 2:7)라고 기록되어 있습니다. 아담이 처음 숨을 들이 마시고 눈을 떠서, 생명을 허락하신 아버지를 사랑이 가득 담긴 눈으로 바라보았을 때 아마도 하나님은 감격하여 전율하셨을 것입니다!

당신 안에도 하나님이 손수 새겨 놓으신 거룩한 DNA가 숨어 있습니다. 당신은 하나님을 꼭 닮은 그분의 자녀입니다. 마치 거울을 보듯 자신을 꼭 닮은 사랑하는 자녀의 모습을 본다면 하나님은 가슴이 벅차올라 견디지 못할 만큼 기뻐하실 것입니다.

"하나님이 당신의 형상대로 사람을 창조하셨으니,
곧 하나님의 형상대로 사람을 창조하셨다.
하나님이 그들을 남자와 여자로 창조하셨다."

창세기 1:27

So God created man in his own image,
in the image of God he created him; male and female he created them.

Genesis 1:27

 Father's Love Letter #07

너는 내 품에서
살아 움직이는구나

하나님 아버지는 당신을 특별한 사람으로 창조하셨습니다. 그러나 당신이 하나님의 자녀된 권리를 온전히 누리지 못하면 진정으로 완전한 존재가 될 수 없습니다. 안타깝게도 많은 사람들이 아버지께 얻을 수 있는 무한한 능력과 자원을 누리지 못하고 미완성인 채로 삶을 마감합니다.

사랑하는 자녀에게 약속하신 풍성하고 의미 있는 삶을 마냥 낭비하지 마십시오. 하나님은 당신에게 강물같이 넘치는 한없는 복을 부어주고 싶어하십니다. 지금, 아버지의 넓은 품에 안겨보십시오.

"우리는 하나님 안에서 숨 쉬고 움직이고 살아가고 있습니다."
사도행전 17:28(현대어성경)

For in him we live and move and have our being.

As some of your own poets have said,

We are his offspring.

Acts 17:28

Father's Love Letter #08

너는 사랑하는
내 딸이기에

모든 사람들은 하나님에게서 왔고, 하나님의 모습대로 창조되었습니다. 하나님은 당신의 아버지시며 당신은 하나님의 자녀입니다. 당신은 하나님으로부터 생명을 받았습니다. 당신이 인정하든 안 하든 그것은 분명한 진리입니다.

그러나 하나님은 당신에게 그분의 방법대로 살아가라고 강요하는 분은 아닙니다. 오히려 그분은 당신이 자연스레 하나님을 아버지로 알고 받아들이기를 기다리십니다. 그렇게 할 때, 하나님은 당신 가까이 오셔서 당신의 손을 꼭 잡아주십니다. 그리고 한 번 잡은 손은 결코 놓지 않으십니다. 그분의 사랑은 우리의 마음상태나 조건에 따라 변하지 않습니다.

"여러분의 시인 가운데 몇몇도 '우리도 하나님의 자녀다' 하고 말한 바와 같이,
'우리는 하나님 안에서 살고 움직이고 존재하고 있습니다.'"

사도행전 17:28

For in him we live and move and have our being.

As some of your own poets have said,

We are his offspring.

Acts 17:28

 Father's Love Letter #09

나는 네가 잉태되기 전부터
너를 알았고

하나님은 예레미야가 어머니의 뱃속에 있기 전부터 그를 아셨고 그분의 거룩한 목적을 위해 특별히 구별하셨다고 말씀하십니다. 그가 이 말씀을 마음 깊이 간직하고 있었기에, 깊은 어둠의 시간에도 하나님이 주신 거룩한 삶의 목적이 흔들리지 않았습니다.

하나님은 당신에게도 동일하게 말씀하십니다. 당신이 처한 모든 상황들이 도무지 이해되지 않을 때에도 이 말씀으로 인해 당신은 요동치 않을 것입니다. 온 우주의 하나님이 당신을 친밀하게 알고 계시며, 당신이 지음받기도 전에 그분의 목적을 위해 구별해 놓으셨다니 얼마나 놀랍습니까!

"내가 너를 모태에서 짓기도 전에 너를 선택하고,
네가 태어나기도 전에 너를 거룩하게 구별해서,
뭇 민족에게 보낼 예언자로 세웠다."

예레미야 1:5

"Before I formed you in the womb I knew you,
before you were born I set you apart;
I appointed you as a prophet to the nations."

Jeremiah 1:5

 Father's Love Letter #10

이 세상을 창조했을 때,
그때 이미 너를 선택했단다

    누구나 거절당하는 것을 견디기 힘들어합니다. 아마 당신도 어린 시절, 같은 반 친구나 부모님에게 거절당해본 적이 있을 것입니다. 지금도 언제든, 어디에서든 그렇게 될 수 있습니다. 직장, 가정, 심지어는 교회에서도 말입니다.

    그러나 하나님은 '태초에' 당신을 하나님의 자녀로 선택하셨습니다. 그리고 때가 되면 그러한 주님의 계획을 상세히 알려주십니다. 아버지의 눈에 비친 당신은 세상에서 가장 아름답고 값진 보석입니다. 우리의 가치는 하나님이 우릴 향해 가지신 사랑에 기초합니다.

"아주 오래전에, 하나님께서는 예수 그리스도를 통해

우리를 자녀로 맞아들이기로 작정하셨습니다.

(이 계획을 세우시며 하나님은 얼마나 기뻐하셨는지 모릅니다!) …

그리스도 안에서 우리는, 자신이 누구이며

무엇을 위해 사는지를 알게 되었습니다.

우리가 그리스도에 대해 처음 듣고 소망을 품기 훨씬 전에,

하나님께서는 우리를 눈여겨보시고

우리로 하여금 영광스러운 삶을 살도록 계획하셨습니다."

에베소서 1:5, 11 (메시지)

he predestined us to be adopted as his sons through Jesus Christ,

in accordance with his pleasure and will -

In him we were also chosen, having been predestined according to

the plan of him who works out everything in conformity

with the purpose of his will.

Ephesians 1:5, 11

FATHER'S LOVE LETTER

2부

너는 기적이란다!

 Father's Love Letter #11

너는 결코 실수로
태어난 존재가 아니야

　성경을 통해 하나님은 당신이 결코 실수로 태어난 존재가 아님을 분명하게 말씀하셨습니다. 당신의 몸이 아직 형체를 이루지 못했을 때에도 하나님은 사랑 가득한 눈으로 당신을 바라보셨고, 인생의 첫 번째 날이 시작하기도 전에 당신에게 정해진 하루하루는 주님의 책에 다 기록되었습니다.

　그분은 당신을 대체 가능한 많은 사람 중 하나로 생각하지 않으십니다. 어느 누구도 대신할 수 없는 유일하고 독특한 존재가 바로 당신입니다. 당신은 그저 우연히 생겨난 존재가 아니며 스스로 느끼는 것보다 훨씬 더 사랑받고 있습니다.

"은밀한 곳에서 나를 지으셨고,

땅 속 깊은 곳 같은 저 모태에서 나를 조립하셨으니

내 뼈 하나하나도, 주님 앞에서는 숨길 수 없습니다.

나의 형질이 갖추어지기도 전부터, 주님께서는 나를 보고 계셨으며,

나에게 정하여진 날들이 아직 시작되기도 전에

이미 주님의 책에 다 기록되었습니다."

시편 139:15-16

My frame was not hidden from you when I was made in the secret place.

When I was woven together in the depths of the earth,

your eyes saw my unformed body.

All the days ordained for me were written in your book

before one of them came to be.

Psalms 139:15-16

Father's Love Letter #12

네 삶의 하루하루가
이미 내 책에 기록되어 있단다

    사회에 큰 영향을 끼친 한 사람이 생을 마감하면 보통 얼마 안 있어 그 사람의 일대기가 기록됩니다. 그러나 신기하게도 하나님은 당신이 태어나기도 전에 당신의 일대기를 이미 다 써놓으셨습니다! 전지전능하신 하나님이기에 가능한 일입니다.

    시간이 시작되기 전부터 존재하셨던 하나님, 앞으로 일어날 모든 일을 이미 다 알고 계시는 하나님이 천국집에서 영원히 함께할 귀한 자녀로 우리를 친히 부르십니다.

"내 뼈가 엮어질 때에도 내 어미 아기집 속 깊이
비밀스레 자라나고 있을 때에도 나 거기 있는 것 주께서만은 알고 계셨지요.
내가 태어나기 전에도 주님은 나를 보고 계셨으며
내가 살아가는 날 그 하루가 시작되기도 전에
주께서는 모든 날수를 이미 주님의 책에 기록해 두셨지요."

시편 139:15-16(현대어성경)

My frame was not hidden from you when I was made in the secret place.
When I was woven together in the depths of the earth,
your eyes saw my unformed body. All the days ordained for me were written
in your book before one of them came to be.

Psalms 139:15-16

 Father's Love Letter #13

나는 네가 태어날 가장 좋은 시간과 가장 좋은 장소를 미리 정해두었지

여러분은 자신이 가장 좋은 때에, 가장 좋은 장소에 태어났다는 것을 아십니까? 하나님은 누가 당신의 부모가 되고, 태어날 시간은 정확히 언제인지, 어디에서 살게 될 것인지를 미리 정해두셨습니다. 하나님은 여러분보다 앞서 삶을 내다보셨고 당신을 가족으로 택하셨습니다.

힘든 시간 가운데 주저앉고 싶을 때에도 하나님은 당신 옆에 계십니다. 그런 어려움을 겪는 까닭은 그분이 무능력해서가 아니라 우리 머리로는 이해하기 힘든 그분의 섭리가 있기 때문이지요. 그분의 사랑은 아무리 견디기 힘든 상황도 능히 이겨낼 수 있게 하십니다.

"그분은 인류의 모든 족속을 한 혈통으로 만드셔서,
온 땅 위에 살게 하셨으며,
그들이 살 시기와 거주할 지역의 경계를 정해 놓으셨습니다."

사도행전 17:26

From one man he made every nation of men,

that they should inhabit the whole earth;

and he determined the times set for them and the exact places

where they should live.

Acts 17:26

 Father's Love Letter #14

너는 놀랍고도 오묘하게 창조되었단다

당신은 거울에 비친 자신의 모습을 들여다보며 지금보다 더 멋진 모습을 소망해본 적이 있겠지요? 키가 너무 작거나 너무 크거나 혹은 너무 말랐거나 너무 뚱뚱하다고 생각한 적이 있을 것입니다. 사실 이런 불만은 한번 생기면 끝이 없습니다. 그러나 다른 사람에게 인정받으려면 이런저런 모습이 되어야 하고 어떻게 행동해야 한다는 말에 넘어가지 마십시오. 당신 안에서 자연스레 솟아나는 하나님의 사랑으로 인한 평강이 없다면 그 어떤 것을 손에 쥔다한들 다 허무한 일입니다.

하늘 아버지는 당신의 키와 눈을 포함한 모든 것을 그분이 계획하신 그대로 만드셨습니다. 하나님이 그 모습을 참 좋아하시고 기뻐하십니다! 이제 거울에 비친 자신의 모습 때문에 잔뜩 걱정하지 마십시오. 하나님께는 당신이 놀랍고 오묘한 존재입니다!

"내가 이렇게 빚어진 것이 오묘하고 주님께서 하신 일이 놀라워,
이 모든 일로 내가 주님께 감사를 드립니다.
내 영혼은 이 사실을 너무도 잘 압니다."

시편 139:14

I praise you because I am fearfully and wonderfully made;

your works are wonderful, I know that full well.

Psalms 139:14

 Father's Love Letter #15

네 어머니의 모태에서
너를 세밀하게 만들었단다

전능하신 하나님이 얼마나 사랑스럽고 부드러운 손길로 우리를 만드셨는지 안다면 감사하지 않을 수 없을 것입니다. 하나님은 손가락을 한 번 움직여 당신을 창조하실 수도 있었습니다. 그러나 그분은 보다 더 세심한 과정을 선택하셨습니다. 한 땀 한 땀, 한 올 한 올, 전능자의 손으로 당신의 모든 세포들을 세심하게 짜 맞추셨습니다!

당신의 생명은 비인간적인 진화의 산물이 아니라, 사랑의 하나님이 이 세상의 기초를 세우시기 훨씬 전부터 미리 계획하셨던 창조의 산물입니다. 당신은 위대한 작품이며 당신이 이 세상에 존재하는 것만으로도 하나님은 기뻐하십니다.

"주님께서 내 장기를 창조하시고,
내 모태에서 나를 짜 맞추셨습니다."

시편 139:13

For you created my inmost being;
you knit me together in my mother's womb.

Psalms 139:13

Father's Love Letter #16

드디어 네가 태어나던 그날에
내가 너를 맞이했단다

당신이 태어나던 날, 하나님은 다른 곳에서 중요한 일을 하시느라 당신에게 소홀한 적이 없으십니다. 오히려 그분은 이 놀라운 세계로 당신을 직접 맞이하셨고 그곳에 임재하셔서 당신을 기뻐하셨습니다. 그리고 그날부터 하나님은 항상 당신 옆에 계시면서 당신의 모든 날들을 그분의 특별한 책에 기록하고 계십니다. 당신이 태어나던 날에 하나님이 그곳에 함께 계셨다는 사실을 기억할 때 마음에는 언제나 평안이 넘칠 것입니다.

"나는 태어날 때부터 주님을 의지하였습니다.
어머니 뱃속에서 나올 때에 나를 받아 주신 분도 바로 주님이셨기에
내가 늘 주님을 찬양합니다."

시편 71:6

From birth I have relied on you;

you brought me forth from my mother's womb.

I will ever praise you.

Psalms 71:6

 Father's Love Letter #17

나를 잘 알지 못하는 사람들이
나에 대해 잘못된 이야기를 했더구나

오늘날 많은 사람들이 하나님에 대한 잘못된 이야기를 듣고 고심합니다. 어떤 사람들은 하나님을 비인격적인 우주의 통치자로 생각하고, 어떤 사람들은 그분을 육신의 아버지처럼 무능한 분으로 알고 있습니다. 만약 하나님이 어떤 분이신지 진심으로 알기 원한다면 그분의 아들, 예수님을 보십시오. 예수님이 말씀과 행위를 통해 보여주신 사랑과 배려는 하나님의 진실한 성품을 그대로 보여줍니다. 다른 사람들이 하는 잘못된 이야기에 속지 마십시오. 하나님은 당신이 일생동안 찾아 헤매던 바로 그 아버지입니다.

"말씀이 사람이 되셔서, 우리 가운데에서 사셨습니다.
우리는 그분의 영광을 보았습니다.
그 영광은 오직 아버지의 독생자만이 가질 수 있는 영광이었습니다.
그 말씀은 은혜와 진리로 충만해 있었습니다."

요한복음 1:14(쉬운성경)

The Word became flesh and made his dwelling among us.
We have seen his glory, the glory of the One and Only,
who came from the Father, full of grace and truth.

John 1:14

Father's Love Letter #18

나는 너를 진정으로
사랑하기 위해 존재하는 아버지란다

    몇 년 전 하나님이 아주 먼 곳에서 이 세상을 살펴보고 계신다는 내용의 노래가 유행했습니다. 그러나 실제로 하나님은 당신이 상상하는 것보다 훨씬 더 가까운 곳에 계십니다. "하나님은 사랑이심이라"(요일 4:8)고 성경은 말씀합니다. 이 말씀은 복음의 기초입니다.

    하나님의 사랑은 어린 자녀에게 흘러 넘쳐 우리들은 그 사랑으로 하나님을 사랑할 뿐 아니라 다른 사람까지도 사랑할 수 있게 됩니다. 하나님은 사랑의 빛으로 당신을 온전히 감싸 안아, 마음 깊은 곳에 있는 소망을 이루어주십니다.

"우리는 하나님이 우리에게 베푸시는 사랑을 알았고,
또 믿었습니다. 하나님은 사랑이십니다.
사랑 안에 있는 사람은 하나님 안에 있고 하나님도 그 사람 안에 계십니다."

요한일서 4:16

And so we know and rely on the love God has for us. God is love.
Whoever lives in love lives in God, and God in him.

1 John 4:16

 Father's Love Letter #19

그 사랑을 네게 한없이
부어주고 싶구나

 생각해보십시오! 하늘과 땅을 지으신 하나님이 당신을 그분의 영광스러운 가족으로 두 팔 벌려 기뻐하며 맞아주십니다. 당신은 하나님이 가장 사랑하는 자녀입니다. 당신의 업적이나 봉사, 선교 활동들은 부수적인 것들입니다.

 그분은 당신이 진실히 행할 때 감탄하십니다. 그러므로 매일 반복되는 일상 속에 금세 파묻히기 전에 하나님이 아낌없이 부어주신 그 위대한 사랑을 묵상하는 일로 하루를 시작하십시오. 하나님의 소중한 자녀라는 사실은 얼마나 귀중한 특권인지요!

"아버지께서 우리에게 얼마나 큰 사랑을 베푸셨는지를 생각해보십시오.
하나님께서 우리를 자기의 자녀라 일컬어 주셨으니
우리는 하나님의 자녀입니다.
세상이 우리를 알지 못하는 까닭은 하나님을 알지 못하기 때문입니다."

요한일서 3:1

How great is the love the Father has lavished on us,
that we should be called children of God! And that is what we are!
The reason the world does not know us is that it did not know him.

1 John 3:1

Father's Love Letter #20

왜냐하면 나는 네 아버지며
너는 내 딸이기 때문이란다

    믿기 어려울 수도 있겠지만 당신은 하나님 아버지의 사랑과 은혜를 받기 위해 특별히 뭔가를 하지 않아도 됩니다. 그저 하나님의 영원한 생명을 받아들이고 신뢰하는 것으로 충분합니다. 그 누구도 하나님이 주시는 이 특별한 선물을 받을 자격을 충분히 갖추지 못했기 때문이지요.

    그러나 하나님은 사랑의 근원이시기 때문에, 그분 가까이 다가오는 모든 사람들에게 이 놀라운 선물을 아낌없이 베푸십니다. 진심으로 감사하며 이 사랑을 받아들인 사람이라면 이제는 자연스레 순종하게 되어 있습니다. 이것이 하나님의 생명이 움직이는 원리입니다.

"아버지께서 우리에게 펼쳐 보이신 사랑은
실로 놀라운 사랑이 아닐 수 없습니다!
그 사랑을 바라보십시오. 우리가 하나님의 자녀라 불리게 되었습니다!
참으로 우리는 하나님의 자녀입니다.
세상이 우리를 알아주지 않고 우리를 진지하게 대하지 않는 것은,
하나님이 누구시며 그분이 무슨 일을 하시는지
세상이 알지 못하기 때문입니다."

요한일서 3:1(메시지)

How great is the love the Father has lavished on us,
that we should be called children of God! And that is what we are!
The reason the world does not know us is that it did not know him.

1 John 3:1

FATHER'S LOVE LETTER

3부

네가 얼마나 귀한

보물인지!

Father's Love Letter #21

나는 세상의 아버지가 줄 수 없는 많은 것을 기꺼이 줄 수 있지

완벽하신 하나님 아버지는 이 세상 아버지와 어머니의 마음속에 자녀들을 돌보며 좋은 것을 주려는 자연스러운 소망을 심어 놓으셨습니다. 그러나 부모는 그렇게 최선을 다하지만 인간이 가진 결점과 부족함 때문에 때때로 자녀들을 실망시키기도 합니다. 아버지와 어머니로서 사랑을 보여주기도 하지만 그만큼 죄의 유혹에 빠지거나 이기적인 동기들로 더럽혀질 때도 많습니다. 그러나 하나님의 사랑은 끝이 없고 거룩하며 조건이 없습니다. 하늘 아버지는 당신의 얼굴을 바라볼 때마다 미소를 지으십니다. 인간의 지혜로는 결코 그 사랑을 온전히 이해할 수 없습니다. 그저 감사히 받아들일 뿐이지요.

"너희 가운데서 아들이 빵을 달라고 하는데 돌을 줄 사람이 어디에 있으며,

생선을 달라고 하는데 뱀을 줄 사람이 어디에 있겠느냐?

너희가 악해도 너희 자녀에게 좋은 것을 줄 줄 알거든,

하물며 하늘에 계신 너희 아버지께서,

구하는 사람에게 좋은 것을 주지 아니하시겠느냐?"

마태복음 7:9-11

Which of you, if his son asks for bread, will give him a stone?

Or if he asks for a fish, will give him a snake?

If you, then, though you are evil, know how to give good gifts to your children,

how much more will your Father in heaven give good gifts

to those who ask him!

Matthew 7:9-11

 Father's Love Letter #22

나는 네게
온전한 아버지이기 때문이지

하나님의 자녀는 완벽하게 사랑받기 위해 창조된 존재입니다. 오늘날에 이런 사실을 받아들이는 것은 쉽지 않지만, 이것은 분명한 진리입니다. 아이들은 성장하면서 부모의 인간적인 약점들을 알아갑니다. 그러면서 때로는 실망하고 어떤 때는 환멸을 느끼기도 합니다.

그러나 하나님은 그런 육신의 부모와는 다릅니다. 성경은 그분이 온전하신 아버지라고 말씀합니다. 이것은 그분이 우리의 모든 소원을 다 들어주는 분이라는 뜻은 아닙니다. 하지만 그분은 근본적인 차원에서 우리에게 가장 선한 길이 무엇인지 아시고, 또 그 길로 이끌 능력을 갖고 계십니다. 그분은 마음먹은 대로 행하시되, 모든 행사가 다 놀랍도록 자비롭습니다. 이런 면에서 그분은 완전하신 아버지입니다.

"그러므로 하늘에 계신 너희 아버지께서 완전하신 것 같이,
너희도 완전하여라."

마태복음 5:48

Be perfect, therefore, as your heavenly Father is perfect.

Matthew 5:48

Father's Love Letter #23

너에게 가장 좋은 것들을 선물했단다

　당신의 삶, 가족, 재능, 당신이 가진 좋은 것과 완벽한 것은 모두 하나님이 주신 선물입니다. 하나님 아버지는 가장 좋은 것을 선물로 주시는 분이며, 그 마음이 결코 변하지 않는 분입니다. 하나님은 어제나 오늘이나 영원히 동일하신 분입니다. 그분의 사랑은 조건도 없고 변함도 없습니다. 하나님의 마음은 온 우주보다 넓습니다. 당신을 진심으로 사랑하며 가장 좋은 것을 주시는 그분이 당신에게 소중한 생명을 주셨습니다. 그분은 신실하며 온전히 신뢰할 수 있는 분입니다.

"온갖 좋은 선물과 모든 완전한 은사는 위에서,
곧 빛들을 지으신 아버지께로부터 내려옵니다.
아버지께는 이러저러한 변함이나 회전하는 그림자가 없으십니다."

야고보서 1:17

Every good and perfect gift is from above,

coming down from the Father of the heavenly lights,

who does not change like shifting shadows.

James 1:17

 Father's Love Letter #24

나는 너의 모든
필요를 채울 수 있단다

일상의 크고 작은 필요를 채워야 하는 부담은 적잖은 스트레스로 다가옵니다. 특히 부모들은 이러한 실질적인 문제로 자주 어려움을 겪습니다. 그러나 하나님 아버지는 당신이 온전히 그분만을 의지하길 원하시며 그때마다 당신의 삶에 가장 필요한 것을 공급하십니다. 당신은 오늘 먹을 음식 때문에 걱정하거나 입을 옷과 잠잘 곳 때문에 애쓸 필요가 없습니다. 당신 곁에 계신 하늘 아버지는 부르신 자들의 사소한 부분까지도 빠뜨리지 않고 채워주신다고 약속하셨습니다.

"그러므로 음식과 의복을 쌓아두려고 걱정하지 말라.
왜 그런 것에 마음을 쏟고 자랑을 늘어놓는 이방인처럼 되려고 하느냐?
하늘에 계신 너희 아버지께서는 그것이 너희에게 필요하다는 것을
너무나도 잘 알고 계신다. 만일 너희가 하나님의 나라를 어떻게 이룰까,
하나님께서 원하시는 바른 일을 어떻게 실천할까 고민하면서
그분을 생활의 중심에 모시고 살면
그분은 너희에게 이 모든 것을 더불어 주실 것이다."

마태복음 6:31-33(현대어)

So do not worry, saying, What shall we eat?
or What shall we drink? or What shall we wear?
For the pagans run after all these things,
and your heavenly Father knows that you need them.
But seek first his kingdom and his righteousness,
and all these things will be given to you as well.

Matthew 6:31-33

Father's Love Letter #25

나는 네 미래가 언제나
희망으로 가득하도록 계획했단다

전쟁과 기근, 환경오염과 불경기 등이 몰려오면 사람들은 용기를 잃고 불안해 합니다. 세상은 잿빛으로 변하고 희망은 사라진 듯 보입니다. 그러나 당신의 희망은 하나님 아버지 안에 있습니다. 희망은 환경에 따라 있다 없다 하는 것이 아닙니다. 비록 언제나 당신이 바라는 대로는 인생이 흘러가진 않겠지만, 모든 상황에서 우리를 사랑으로 보살피시는 하나님 아버지를 늘 의지할 수 있습니다. 만약 당신의 삶을 하나님의 보호 아래 맡긴다면, 영원토록 희망으로 가득한 미래가 기다리고 있을 것입니다.

"너희를 두고 계획하고 있는 일들은 오직 나만이 알고 있다.
내가 너희를 두고 계획하고 있는 일들은 재앙이 아니라 번영이다.
너희에게 미래에 대한 희망을 주려는 것이다. 나 주의 말이다."
예레미야 29:11

For I know the plans I have for you, declares the LORD,
plans to prosper you and not to harm you, plans to give you hope and a future.
Jeremiah 29:11

 Father's Love Letter #26

왜냐하면 한결같은 마음으로
널 사랑하기 때문이야

하나님 아버지는 당신을 향한 사랑 때문에 이 모든 일을 행하셨습니다. 하나님의 사랑은 끊임없고 무궁하며 영원합니다. 영원 속에 계시는 하나님께서 당신을 사랑하지 않으신 순간은 단 한 순간도 없습니다! 그분은 지금처럼 언제까지나 당신을 사랑할 것입니다. 어쩌면 당신은 하나님의 사랑을 그저 머리로만 이해하고 있을지도 모르겠습니다. 하나님은 당신이 온 마음을 열어 마음 깊이 이 사랑을 느끼기 원하십니다.

주께서 다시 자기의 백성에게 사랑을 나타내셨다.
"나는 늘 너를 사랑하였다.
나는 맨 첫날이나 오늘이나 똑같이 네게 변함없는 사랑을 지니고 있다."

예레미야 31:3(현대어)

The LORD appeared to us in the past, saying:

I have loved you with an everlasting love;

I have drawn you with loving-kindness.

Jeremiah 31:3

Father's Love Letter #27

너를 생각하는 마음은 바닷가 모래알보다 더 많아서 헤아릴 수가 없구나

바닷가의 모래알을 세어 본 적이 있습니까? 아마 엄두도 나지 않았을 것입니다. 그러나 하나님은 당신을 그런 바닷가의 모래알보다 더 많이 생각하십니다. 하나님은 단 한순간도 쉬지 않고 당신을 생각하십니다. 책망하거나 심판하려는 것이 아니라 절대적인 사랑의 마음으로 늘 당신을 생각하십니다.

우리에게 생각이 많으면 머리가 지끈하고 복잡해지지만, 하나님 생각은 하면 할수록 우리의 영혼과 머리를 맑게 합니다. 하나님이 나를 생각하시듯이 우리도 그분의 행사를 묵상하고 생각하는 것이 그분과 동행하는 삶의 비결입니다.

"하나님, 주님의 생각이 어찌 그리도 심오한지요?
수가 어찌 그렇게도 많은지요?
내가 세려고 하면 모래보다 더 많습니다.
깨어나 보면 나는 여전히 주님과 함께 있습니다."

시편 139:17-18

How precious to me are your thoughts,
O God! How vast is the sum of them!
Were I to count them, they would outnumber the grains of sand.
When I awake, I am still with you.

Psalms 139:17-18

 Father's Love Letter #28

나는 너로 인해
기쁨의 노래를 부르곤 하지

하나님 아버지는 당신의 인생을 속속들이 기뻐하십니다. 심지어 하나님은 당신을 보고 기뻐 반기시며 노래하신다고 얘기합니다. 당신을 향한 아버지의 사랑 노래가 천국을 가득 채우고 있습니다. 그분은 당신에 대한 사랑을 부끄러워하지 않으십니다. 온 우주에 그 사랑을 자랑하고 싶어 하십니다. 당신이 아버지를 찬양하며 노래함으로 그 사랑을 고백하듯, 하나님도 당신을 향한 사랑을 노래로 화답하십니다.

"주 너의 하나님이 너와 함께 계신다. 구원을 베푸실 전능하신 하나님이시다.
너를 보고서 기뻐하고 반기시고, 너를 사랑으로 새롭게 해주시고
너를 보고서 노래하며 기뻐하실 것이다."

스바냐 3:17

The LORD thy God in the midst of thee is mighty;

he will save, he will rejoice over thee with joy; he will rest in his love,

he will joy over thee with singing.

Zephaniah 3:17

Father's Love Letter #29

그리고 나는 언제까지나
너와의 약속을 지킬 거야

    하나님 아버지는 당신과 영원한 언약을 맺으셨습니다. 하나님은 당신에게 결코 멈추지 않는 선을 행하겠다고 약속하셨습니다. 하나님은 약속을 지키시는 신실한 분이시기에, 이 말씀은 진리입니다. 그분의 약속은 변하지 않고 영원합니다.
    모든 사람들이 당신을 대적하며 모든 상황이 절망적으로 흘러갈 때에도 하나님은 바로 당신 옆에 계심을 기억하십시오. 주님의 약속을 하나하나 떠올리며 구체적인 삶의 자리에서 적용해 보십시오.

"그때에는 내가 그들과 영원한 언약을 맺고, 내가 그들에게서 영영 떠나지 않고, 그들을 잘되게 할 것이며, 그들의 마음속에 나를 경외하는 마음을 넣어 주어서, 그들이 나에게서 떠나가지 않게 하겠다."

예레미야 32:40

I will make an everlasting covenant with them:
I will never stop doing good to them, and I will inspire them to fear me,
so that they will never turn away from me.

Jeremiah 32:40

 Father's Love Letter #30

왜냐하면 너는 나의
존귀한 보물이기 때문이지

당신은 하나님께 아주 귀중한 존재입니다. 하나님이 당신을 그분의 아들, 예수님의 생명과 바꾸셨기 때문입니다. 모든 진귀한 보석과 금과 은을 만드신 하나님이 당신을 가장 아끼는 보물로 삼으셨습니다.

당신의 생각이나 선한 행동이 당신의 가치를 결정짓지는 않습니다. 당신을 얻고자 하나님이 지불하신 천문학적인 대가가 당신의 가치입니다. 당신을 위해 예수님을 희생시킨 이 귀한 선물의 가치를 절대 잊지 마십시오.

"이제 너희가 정말로 나의 말을 듣고, 내가 세워준 언약을 지키면,
너희는 모든 민족 가운데서 나의 보물이 될 것이다.
온 세상이 다 나의 것이다."

출애굽기 19:5

Now if you obey me fully and keep my covenant,

then out of all nations you will be my treasured possession.

Although the whole earth is mine,

Exodus 19:5

FATHER'S LOVE LETTER

4부

내가 너를 꼭

붙잡아줄 거란다!

 Father's Love Letter #31

내 온 마음과 사랑을 다해
너를 확고히 세워줄 거란다

당신을 사랑하신다는 하나님의 고백은 결코 평범한 게 아닙니다. 그분은 온 마음과 정성을 다해 자신의 사랑 안에 당신을 깊이 심으셨습니다. 그것은 당신에게 모든 것을 주기 위해 전적으로 헌신하며 아무것도 숨기지 않은 투명한 사랑입니다. 온 마음과 정성을 다해 당신에게 사랑을 쏟으신 그분은 단 한 가지, 당신이 사랑으로 그분께 반응하는 것을 바라십니다. 하나님 아버지는 사랑하는 모든 것을 포기하시면서 당신에 대한 사랑을 이미 보이셨습니다. 지금도 당신을 기다리시는 아버지께 다가가 그 사랑을 받아들이고, 마음과 정성을 다해 당신의 사랑을 속삭이십시오.

"나는 그들을 잘되게 함으로 기뻐할 것이며,
나의 온 마음과 정성을 다하여
그들이 이 땅에 뿌리를 굳게 내리고 살게 하겠다."

예레미야 32:41

I will rejoice in doing them good and will assuredly plant them

in this land with all my heart and soul.

Jeremiah 32:41

 Father's Love Letter #32

네가 알지 못하는 크고 비밀한 일을 보여 주고 싶단다

하나님은 당신에게 아버지의 마음을 보여주고 싶으십니다. 마음속에 의문이 생기거나 걱정이 될 때는 언제라도 하나님께 나아가십시오. 하나님은 당신의 사소한 질문에도 자상하게 대답하시며, 당신이 알지 못하는 크고 놀라운 비밀까지 알려주신다고 약속했습니다. 당신이 아버지를 간절히 부를 때, 그분은 항상 그 부르짖음에 신실하게 응답하시며 하나님나라의 큰 비밀들을 보이십니다. 하나님은 절대 당신을 떠나지 않으시며, 아무리 많은 질문을 해도 싫어하지 않으십니다. 하나님은 당신이 그분 가까이에 머무르는 것을 기뻐하십니다.

"그러므로 너는 지금 눈에 보이는 세상을 보고
이리저리 흔들리지 말고 오직 나만을 의지하여라.
그러면 내가 네게 응답하고 엄청난 일도 이루어 주겠다.
나는 네가 이제까지 알지도 못하고,
또 전혀 알 수도 없는 큰 일들을 네게 보여주겠다."

예레미야 33:3(현대어성경)

Call to me and I will answer you and tell you

great and unsearchable things you do not know.

Jeremiah 33:3

 Father's Love Letter #33

네가 온 마음을 다해 나를 찾으면 틀림없이 나를 만나게 될 거야

　성경은 당신이 모든 것을 다해 하나님을 찾으면 그분을 만나게 되리라고 약속합니다. 당신이 하나님을 찾을 때 그분은 결코 자신의 모습을 감추지 않으십니다. 분명하고도 단순한 방법으로 하나님은 당신을 만나십니다.
　얼마나 멋진 일인지요! 온 세상을 창조하신 분에게 가까이 다가가기 위해 신학교를 졸업해야 한다거나 죄 없는 깨끗한 삶을 살아야 한다거나 화려한 말을 할 필요가 없으니 말입니다. 진심으로 하나님을 더 깊이 알기 원한다면 그분은 당신에게 자신에 대해 더 자세히 가르쳐주실 것입니다.

"그러나 거기서 너희가 너희 하나님 여호와를 바라고
너희 온 마음과 온 영혼으로 찾으면 너희는 그분을 만나게 될 것이다."

신명기 4:29(우리말성경)

But if from there you seek the LORD your God,

you will find him if you look for him

with all your heart and with all your soul.

Deuteronomy 4:29

 Father's Love Letter #34

나를 기뻐하렴
내가 네 마음의 소원을 이루어줄게

하나님 아버지는 당신을 사랑하시며 마음속의 소원을 존중하는 분이십니다. 성경은 당신이 오직 주님에게서 기쁨을 찾고 그분과의 만남을 즐거워하면, 마음의 소원을 들어주신다고 말씀합니다. 물론 여기서 그분이 말씀하시는 마음의 소원이란 하나님의 뜻에 뿌리를 둔 바람들을 말합니다. 이렇듯 자녀들이 마음에 품고 있는 간절한 소원을 이루어주는 것은 그분이 가장 기뻐하시는 일입니다. 그러므로 오늘도 아버지의 사랑 안에서 마음껏 기뻐하며 그분이 당신의 선한 소원을 어떻게 이루어가시는지 지켜보도록 하십시오.

"기쁨은 오직 주님에게서 찾아라.
주님께서 네 마음의 소원을 들어주신다."

시편 37:4

Delight yourself in the LORD and he will give you the desires of your heart.

Psalms 37:4

 Father's Love Letter #35

왜냐하면 내가 너에게
그 소원을 주었기 때문이란다

하나님은 우리 삶의 최고 설계자이십니다. 하나님의 설계에 따라, 우리 삶에 필요한 모든 것은 다 준비되어 있습니다. 하나님은 다양성을 사랑하시며 당신의 독특한 소망들을 그분의 뜻을 이루는 데 사용하도록 인도하십니다. 하나님은 당신의 DNA를 디자인하셨고, 그분의 선하신 목적을 따라 뜻을 세우고 행동하도록 일하십니다. 당신의 삶에 특별한 청사진을 갖고 계시면서 세상 누구와도 비교할 수 없는 독특한 삶으로 인도하시는, 최고의 디자이너가 있다는 사실이 정말 놀랍지 않습니까?

"하나님께서는 여러분 안에 계시면서 순종하는 마음을 일으켜주고
하나님께서 원하는 일을 할 수 있도록 여러분을 도와주십니다."

빌립보서 2:13(현대어성경)

for it is God who works in you to will and to act

according to his good purpose.

Philippians 2:13

Father's Love Letter #36

나는 네가 구하고 생각하는 것보다 훨씬 더 큰 일을 네게 행할 수 있단다

광대한 꿈 그 너머를 상상해 보십시오. 아무리 상상력이 풍부하다 해도, 당신이 이해할 수 있는 세계에는 한계가 있습니다. 그러나 하나님 아버지께는 한계란 없습니다. 이 세상의 그 어떤 한계나 장벽도 그분이 자기 자녀들을 위해 가장 좋은 계획과 목적을 이루는 일을 막지 못합니다. 당신 안에서 역사하시는 하나님의 능력은 당신이 간구하고 생각하는 것 이상으로 광대합니다. 하나님은 지금도 당신이 헤아리지 못할 만큼 많은 일들을 행하고 계십니다.

"우리가 기도나 소원이나 생각과 희망으로도 감히 꿈꿀 수 없는 것을 위대한 능력으로 우리 가운데서 역사하시는 하나님께 영광을 돌립니다. 교회와 예수 그리스도를 통하여 구원의 계획을 이루어 가시는 하나님께 영원 무궁한 영광을 돌립니다. 아멘."

에베소서 3:20-21(현대어성경)

Now to him who is able to do immeasurably more than all we ask

or imagine, according to his power that is at work within us,

to him be glory in the church and in Christ Jesus

throughout all generations, for ever and ever! Amen.

Ephesians 3:20-21

 Father's Love Letter #37

그렇게
난 네게 큰 힘이 된단다

하나님은 당신의 가장 든든한 격려자입니다. 하나님은 당신에게 많은 허물이 있다 해도 다시 일어설 용기를 주십니다. 하나님은 당신의 마음 깊은 곳에 숨어 있는 희망을 언제나 보고 계십니다. 당신이 인생이라는 경주를 할 때 하나님은 당신 옆에서 응원하시고요. "힘내렴!"하고 외치는 그분의 음성을 들어보십시오. 당신이 뛰어가야 하는 특별한 경주를 승리로 이끌 힘을 얻을 것입니다.

"우리 주 예수 그리스도와 또 우리를 사랑하고 아무런 가치도 없는 자들에게
영원한 위로와 희망을 내리신 아버지 하나님께서 여러분을 위로하고
여러분이 말과 행동으로 선을 나타내도록 도와주시기를 빕니다."

데살로니가후서 2:16-17(현대어성경)

May our Lord Jesus Christ himself and God our Father,
who loved us and by his grace gave us eternal encouragement and good hope,
encourage your hearts and strengthen you in every good deed and word.

2 Thessalonians 2:16-17

 Father's Love Letter #38

나는 네 모든 고통에서
널 위로하는 아버지란다

하나님은 당신의 마음을 가장 잘 아시는 따뜻한 위로의 아버지입니다. 당신이 고통과 실망의 시간을 견디며 위로받고 싶을 때마다 신실한 하나님은 항상 당신 곁에 계십니다. 당신이 울 때 하나님도 눈물을 흘리시며, 당신의 마음이 아플 때 그분도 똑같이 아파하십니다. 삶의 고비마다 하나님은 당신의 손을 꼭 잡고 놓치지 않으십니다. 당신은 결코 혼자서 무거운 짐을 질 필요가 없습니다. 하나님 아버지는 부드러운 사랑으로 당신을 위로하시고, 그 사랑으로 당신도 다른 이들의 고통을 위로하기를 원하십니다.

"우리 주 예수 그리스도의 아버지이신 하나님을 찬양합시다.
그는 자비로우신 아버지시요, 온갖 위로를 주시는 하나님이시요,
온갖 환난 가운데에서 우리를 위로하여 주시는 분이십니다.
따라서 우리가 하나님께 받는 그 위로로,
우리도 온갖 환난을 당하는 사람들을 위로할 수 있습니다."

고린도후서 1:3-4

Praise be to the God and Father of our Lord Jesus Christ,

the Father of compassion and the God of all comfort,

who comforts us in all our troubles, so that we can comfort those in

any trouble with the comfort we ourselves have received from God.

2 Corinthians 1:3-4

 Father's Love Letter #39

마음이 상한 네 옆에
바로 내가 있단다

당신에게 누군가가 필요할 때나 세상에 홀로 남겨졌다고 느낄 때에도 하나님 아버지는 아주 가까운 곳에 계십니다. 그분은 당신 가까이 다가와 당신의 무너진 마음을 치료하시며 위로하십니다. 그런데 막상 어려운 순간에는 하나님이 함께하심을 느끼기 쉽지 않습니다. 우리의 슬픔과 부족함이 더 커 보이고 우리 곁에서 도우시고 격려하시는 하나님의 음성보다는 내면의 송사가 더 잘 들리는 듯합니다. 그럴지라도 하나님은 분명 그런 당신과 함께하십니다. 하나님은 마음이 부서진 이들에게 가까이 하시고 당신의 숨결 가장 가까이에서 당신을 도우십니다.

"여호와께서는 마음이 상한 사람들 곁에 계시고
뉘우치는 마음이 있는 사람들을 구원하십니다."

시편 34:18(우리말성경)

The LORD is close to the brokenhearted and saves

those who are crushed in spirit.

Psalms 34:18

Father's Love Letter #40

목자가 양을 돌보는 것처럼
너를 내 품에 꼭 안아줄거야

    성경은 인간과 친밀한 관계를 맺기 원하시는 하나님의 마음을, 목자가 사랑으로 그 양 무리를 돌보는 것에 비유합니다. 그 양을 품에 안고 사랑스럽게 눈을 맞추는 목자의 표정을 상상해보십시오. 그 순간 양은 목자의 품이 세상 어느 곳보다 따뜻하다고 느낍니다. 얼마나 친밀하고 평온한 그림인지요! 목자는 자기 양들을 돌보며 보호하기 위해 목숨도 아끼지 않습니다. 하나님도 우리와 이런 관계를 맺기 원하십니다. 하나님은 당신의 목자가 되어 어린 양인 당신을 한없이 사랑하고 보호하길 원하십니다. 당신은 이 사랑에 자신을 전폭적으로 맡겨드리기만 하면 됩니다.

"그는 목자와 같이 그의 양 떼를 먹이시며, 어린 양들을 팔로 모으시고,
품에 안으시며, 젖을 먹이는 어미 양들을 조심스럽게 이끄신다."

이사야 40:11

He tends his flock like a shepherd: He gathers the lambs in his arms
and carries them close to his heart; he gently leads those that have young.

Isaiah 40:11

Father's Love Letter #41

그때에 나는 그동안 네가 흘린
모든 눈물을 닦아줄거야

    성경은 이 세상의 마지막에 하나님을 믿는 이들에게 더 이상 죽음도, 슬픔도, 울음도, 아픔도 없을 것이라고 약속합니다. 하나님 아버지의 그 부드러운 사랑의 위로가 분명 이 세상에서 겪은 모든 고통을 기억 저편으로 사라지게 할 것입니다. 그리고 하나님이 당신의 눈물 고인 눈을 가만히 바라보는 그 순간, 당신은 마침내 집에 돌아왔다는 사실을 깨닫게 될 것입니다. 이 땅의 삶은 언젠가는 끝나지만, 당신에게는 아버지의 품 안에서 영원히 살게 되리라는 희망이 있습니다.

그때에 나는 보좌에서 큰 음성이 울려 나오는 것을 들었습니다.

"보아라, 하나님의 장막이 사람들 가운데 있다.

하나님이 그들과 함께 계실 것이요, 그들은 하나님의 백성이 될 것이다.

하나님이 친히 그들과 함께 계시고,

그들의 눈에서 모든 눈물을 닦아 주실 것이니,

다시는 죽음이 없고, 슬픔도 울부짖음도 고통도 없을 것이다.

이전 것들이 다 사라져 버렸기 때문이다."

요한계시록 21:3-4

And I heard a loud voice from the throne saying,

"Now the dwelling of God is with men, and he will live with them.

They will be his people, and God himself will be with them and be their God.

He will wipe every tear from their eyes.

There will be no more death or mourning or crying or pain,

for the old order of things has passed away."

Revelation 21:3-4

 Father's Love Letter #42

그리고 이 땅에서 겪은
모든 고통을 씻어줄 거란다

　이 세상 역사의 흐름 속에서 언제나 존재해 왔던 공통 요소 하나는 사람들에게는 언제나 물리적이고 감정적인 고통들이 따라다녔다는 것입니다. 고통은 인간에게 아주 자연스러운 것이며 모든 사람이 여기서 자유롭지 못합니다. 그러나 하늘 아버지는 그분의 자녀들을 위해 고통과 아픔이 존재하지 않는 곳을 준비하셨습니다. 그곳은 고통 대신에 사랑과 선함이 가득 찬 곳입니다. 당신은 사랑받는 자녀로서 아버지의 사랑이 충만하게 비치는 곳에서 그 사랑을 풍성히 누리게 될 것이며, 다시는 고통이나 상실의 그늘을 경험하지 않게 될 것입니다.

그때에 나는 보좌에서 큰 음성이 울려 나오는 것을 들었습니다.

"보아라, 하나님의 장막이 사람들 가운데 있다.

하나님이 그들과 함께 계실 것이요, 그들은 하나님의 백성이 될 것이다.

하나님이 친히 그들과 함께 계시고,

그들의 눈에서 모든 눈물을 닦아 주실 것이니,

다시는 죽음이 없고, 슬픔도 울부짖음도 고통도 없을 것이다.

이전 것들이 다 사라져 버렸기 때문이다."

요한계시록 21:3-4

And I heard a loud voice from the throne saying,

"Now the dwelling of God is with men, and he will live with them.

They will be his people, and God himself will be with them and be their God.

He will wipe every tear from their eyes.

There will be no more death or mourning or crying or pain,

for the old order of things has passed away."

Revelation 21:3-4

FATHER'S LOVE LETTER

5부

나는 널
예수만큼 사랑하지!

 Father's Love Letter #43

나는 내 아들 예수를 사랑한 것처럼 너를 사랑한단다

예수님은 어떤 아버지라도 자랑스러워할 만한 이상적인 아들이십니다. 예수님은 죄가 없고 모든 면에서 완벽하며 아버지의 바람에 언제나 충실하게 순종하시는 분입니다. 완벽한 아버지와 완벽한 아들로서, 하나님과 예수님은 서로 깊이 사랑하십니다. 십자가를 통해 당신도 예수님과 하나님이 태초부터 사랑으로 엮어온 그 관계에 동참할 특권을 누리게 되었음이 믿겨집니까? 하나님은 당신에게서 사랑하는 아들의 생명을 보십니다. 왜냐하면 주님을 받아들인 당신에게는 성령께서 임재하셔서 아들의 생명과 연합되었기 때문입니다.

어쩌면 그 놀라운 사랑이 충분히 이해되지 않고, 느껴지지 않을지 모릅니다. 이 사랑은 당신이 전에 체험한 여느 사랑과는 다릅니다. 이 사랑은 예수 그리스도를 믿음으로 당신의 것이 됩니다. 하나님은 자신의 아들 예수를 사랑하신 것처럼 당신을 사랑하십니다.

"내가 그들 안에 있고, 아버지께서 내 안에 계신 것은,

그들이 완전히 하나가 되게 하려는 것입니다.

그것은 또, 아버지께서 나를 보내셨다는 것과,

아버지께서 나를 사랑하신 것과 같이 그들도 사랑하셨다는 것을,

세상이 알게 하려는 것입니다."

요한복음 17:23

I in them and you in me.

May they be brought to complete unity to let the world know that you sent me

and have loved them even as you have loved me.

John 17:23

 Father's Love Letter #44

예수를 보면 너를 향한 내 사랑이 얼마나 깊은지 알 수 있단다

예수님은 자신이 태초부터 경험했던 아버지의 사랑을 당신도 경험하고 마음으로 깨닫기를 바라십니다. 당신에게 하나님을 알리기 위해 예수님은 기꺼이 아버지와 나누시던 친밀함과 영광을 버리셨습니다. 이 얼마나 놀랍습니까! 십자가를 통해 당신이 하나님 아버지의 자녀로서 예수님과 함께 상속자가 되는 길이 열렸습니다. 놀라운 아버지의 사랑에 동참할 수 있는 특권을 주신 것입니다!

"나는 이미 그들에게 아버지의 이름을 알렸으며, 앞으로도 알리겠습니다.
그것은, 아버지께서 나를 사랑하신 그 사랑이 그들 안에 있게 하고,
나도 그들 안에 있게 하려는 것입니다."

요한복음 17:26

"I have made you known to them,
and will continue to make you known in order that the love you have for me
may be in them and that I myself may be in them."

John 17:26

 Father's Love Letter #45

예수는 나를
그대로 보여준단다

    예수님이 이 땅에 오셨을 때 많은 사람들은 하나님의 진정한 성품에 대해 왜곡된 이미지를 갖고 있었습니다. 지금도 그때와 비슷합니다. 많은 사람들이 여전히 하나님에 대해 오해하고 있습니다. 이러한 잘못된 믿음을 없애고 아버지의 진실한 마음을 보여주기 위해 예수님이 이 땅에 오셨습니다.

    눈을 들어 예수님을 바라보면 하나님 아버지가 어떤 분인지 알게 될 것입니다. 그 하나님의 사랑이 모든 잘못된 편견을 녹입니다.

"하나님의 아들은 하나님의 영광으로 눈부신 광채를 드러내고
인격과 모든 행하신 일에서 하나님 그 자체임을 보이셨습니다.
그리고 그분의 전능하신 능력의 말씀으로 우주를 통제하고 계십니다.
그분의 아들은 우리의 모든 죄를 깨끗이 씻어 정결케 하시려고 죽으셨으며,
지금은 지극히 높은 영광을 받아 하늘에 계신
위대한 하나님 오른편에 앉아 계십니다."

히브리서 1:3(현대어성경)

The Son is the radiance of God's glory

and the exact representation of his being,

sustaining all things by his powerful word.

After he had provided purification for sins,

he sat down at the right hand of the Majesty in heaven.

Hebrews 1:3

Father's Love Letter #46

예수는 내가 네 편이라는 것을
알려주기 위해 왔단다

　우리는 때때로 인생길을 걷다 자신의 길과는 전혀 다른 길을 가거나 심지어는 우리 길을 방해하는 장애물을 만납니다. 이런 현실로 인해 낙심도 되고 도와주는 이 없어 외롭기도 합니다.
　그러나 하나님은 당신에게서 멀찍이 떨어져 방관하는 것이 아니라 동일한 길을 함께 가십니다. 그분은 당신 편일 뿐만 아니라 그분의 계획에 따라 당신이 위대한 일들을 시도하고 믿음으로 살도록 도우십니다. 온 우주에서 가장 크고 강하시며 사랑스러우신 하나님께서 언제나 당신 편에 서겠다고 천국에 선포하셨습니다.

"하나님이 우리 편이시면,
누가 우리를 대적하겠습니까?"

로마서 8:31

What, then, shall we say in response to this?
If God is for us, who can be against us?

Romans 8:31

 Father's Love Letter #47

그리고 내가 너의 죄를 기억하지도 않는다는 사실을 말해주었지

하나님 아버지는 공의롭고 거룩하신 분입니다. 그분이 계시는 곳에는 죄가 가까이 갈 수 없습니다. 그런데 인간은 죄의 본성을 가지고 태어납니다. 그렇기 때문에 문제가 생깁니다. 그래서 자비하신 하나님은 인류의 모든 죄를 예수 그리스도의 죽음을 통해 단번에 해결하셨습니다. 십자가로 인해 하나님은 당신의 죄를 묻지 않으시고 오직 예수의 귀한 피만을 기억하십니다. 예수님은 자신을 희생하여 당신과 하나님을 화목하게 하셨습니다. 이 얼마나 놀라운 일입니까! 하나님은 더 이상 당신의 죄를 기억하지 않으십니다.

"이 모든 것은 하나님에게서 났습니다.
하나님께서는 그리스도를 내세우셔서, 우리를 자기와 화해하게 하시고,
또 우리에게 화해의 직분을 맡겨 주셨습니다.
하나님께서 사람들의 죄과를 따지지 않으시고,
화해의 말씀을 우리에게 맡겨 주심으로써,
세상을 그리스도 안에서 자기와 화해하게 하신 것입니다."

고린도후서 5:18-19

All this is from God, who reconciled us to himself through Christ

and gave us the ministry of reconciliation:

that God was reconciling the world to himself in Christ,

not counting men's sins against them.

And he has committed to us the message of reconciliation.

2 Corinthians 5:18-19

Father's Love Letter #48

내가 너와 다시 예전처럼
가까이 지내기 위해서 예수가 죽었단다

　전능하신 하나님은 그분의 아들 예수를 이 땅에 보내셨고, 그를 통해 당신은 하나님 아버지와 완전한 화목을 이루게 되었습니다. 여러분이 예수 그리스도를 믿고 구원의 선물을 받았다면 분명히 당신은 하나님 아버지와 완전한 화목을 이룬 것입니다. 당신은 하나님의 노예나 종이 아니라 그분의 자녀입니다. 한때 거룩한 아버지와 당신 사이를 갈라놓았던 휘장은 이제 완전히 찢어졌습니다. 이제 당신은 귀하게 여김 받고 사랑받는 그분의 자녀입니다!

"이 모든 것은 하나님에게서 났습니다.
하나님께서는 그리스도를 내세우셔서, 우리를 자기와 화해하게 하시고,
또 우리에게 화해의 직분을 맡겨 주셨습니다.
하나님께서 사람들의 죄과를 따지지 않으시고,
화해의 말씀을 우리에게 맡겨 주심으로써,
세상을 그리스도 안에서 자기와 화해하게 하신 것입니다."

고린도후서 5:18-19

All this is from God, who reconciled us to himself through Christ

and gave us the ministry of reconciliation:

that God was reconciling the world to himself in Christ, not counting men's

sins against them. And he has committed to us the message of reconciliation.

2 Corinthians 5:18-19

 Father's Love Letter #49

예수의 죽음은 너를 향한 내 사랑의 최고의 표현이란다

"사랑해"라고 말하는 것과 그 사랑을 보여주는 것에는 상당한 차이가 있습니다. 하나님은 당신을 사랑하신다고 말씀하셨을 뿐만 아니라 독생자를 우리 죄의 속죄제물로 보내심으로써 그 사랑을 실질적으로 보여주셨습니다.

만약 하나님이 정말 당신을 사랑하시는지 의심이 든다면 하나님의 완전한 사랑의 표현인 십자가를 바라보십시오. 당신은 그분의 절대적이고 완전한 사랑을 받고 있습니다! 그리스도의 십자가가 당신을 향한 아버지의 사랑을 확증하는 영원한 징표가 될 것입니다.

"이러한 하나님에게서 우리는 참사랑이 무엇인지를 알게 되었습니다.
참사랑은 하나님을 향한 우리의 사랑이 아니라
우리를 향한 하나님의 사랑입니다.
이 사랑은 우리 죄 때문에 진노하신 하나님께서 우리를 벌하시는 대신
사랑하는 외아들을 희생제물로 내주신 데서 나타났습니다.
이것이야말로 사랑의 극치입니다."

요한일서 4:10(현대어성경)

This is love: not that we loved God,
but that he loved us and sent his Son as an atoning sacrifice for our sins.

1 John 4:10

 Father's Love Letter #50

네 사랑을 얻기 위해
내가 사랑했던 모든 것을 포기했단다

아버지께서 온 우주에서 가장 귀하게 여기시는 보물은 독생자 예수님입니다. 어떤 것으로도 하나님과 예수님의 사랑을 깨뜨릴 수 없었습니다. 그러나 물리적으로 두 분이 서로 헤어져야 할 때가 다가왔습니다. 예수님은 연약한 아기의 몸을 입기 위해 안락한 천국, 아버지의 오른편을 떠나셨습니다. 물론 그때에도 아버지와 아들은 여전히 마음과 영혼으로 하나였습니다. 그런데 상상할 수 없는 일이 일어났습니다. 전혀 죄를 모르시는 하나님의 아들이 스스로 온 세상의 죄를 떠맡기로 하신 것입니다. 인류 역사상 가장 어두웠던 시기에 예수님은 험한 십자가 위에서 인류의 모든 추악한 죄의 무게를 견디셨습니다. 하나님 아버지는 여러분의 사랑을 얻기 위해 그분이 사랑하셨던 모든 것을 포기하신 것입니다. 당신에게 자유를 주시려고 가장 아끼시던 보물도 내어주신 하나님이 다른 그 무엇을 아끼시겠습니까?

"자기 아들을 아끼지 않으시고, 우리 모두를 위하여 내주신 분이,
어찌 그 아들과 함께 모든 것을 우리에게 선물로 거저 주지 않으시겠습니까?"

로마서 8:32

He who did not spare his own Son,

but gave him up for us all - how will he not also, along with him,

graciously give us all things?

Romans 8:32

 Father's Love Letter #51

네가 내 아들 예수를 받아들인다면, 바로 나를 받아들이는 것이야

하나님 아버지와 예수님은 하나입니다. 아버지께 속한 모든 것이 아들의 것이고, 아들에게 속한 모든 것이 아버지의 것입니다. 이것은 당신이 완전하고 자유롭게 아버지께 다가갈 수 있다는 뜻입니다. 당신의 삶에 예수님을 초청하여 모시고 있다면 허전함을 느낄 필요가 없습니다. 아들을 맞아들였다면 아버지도 맞아들인 것이니까요. 예수님이 당신 안에 거하시면 아버지도 거하십니다. 하나님은 당신의 상속권을 보증하는 담보로 성령님을 보내셨습니다. 삼위일체의 하나님과 이처럼 함께할 수 있다니, 얼마나 기쁜 일인지요!

"누구든지 아들을 부인하는 사람은, 아버지를 모시고 있지 않은 사람이요, 아들을 시인하는 사람은, 아버지를 또한 모시고 있는 사람입니다."

요한일서 2:23

No one who denies the Son has the Father; whoever

acknowledges the Son has the Father also.

1 John 2:23

 Father's Love Letter #52

다시는 그 어떤 것도 내 사랑에서 너를 떼어 놓을 수 없을거야

이 세상 어떤 피조물이라도 하나님의 사랑에서 당신을 끊을 수 없다고 성경은 말합니다. 깊은 슬픔과 상실의 때에 이 놀라운 진리의 말씀을 더욱 분명히 기억하십시오. 사랑의 하나님은 그분의 아들을 선물로 주셔서 당신이 어떤 상황에서도 그분의 따스함을 느끼며, 영원히 그분과 함께할 수 있는 길을 열어주셨습니다. 천국의 어떤 권위나 지상의 어떤 권세라도, 심지어 죽음도 당신을 하나님의 사랑에서 떼어놓을 수 없습니다. 하나님은 예수 그리스도를 통해 그분의 자녀들에게 영원한 생명을 약속하셨기 때문입니다. 당신은 그분의 자녀이기에, 앞으로의 나날들은 아버지의 영원한 임재와 사랑으로 가득할 것입니다.

"나는 확신합니다. 죽음도, 삶도, 천사들도, 권세자들도, 현재 일도,

장래 일도, 능력도, 높음도, 깊음도,

그 밖에 어떤 피조물도, 우리를 우리 주 예수 그리스도 안에 있는

하나님의 사랑에서 끊을 수 없습니다."

로마서 8:38-39

For I am convinced that neither death nor life,

neither angels nor demons, neither the present nor the future,

nor any powers, neither height nor depth, nor anything else in all creation,

will be able to separate us from the love of God

that is in Christ Jesus our Lord.

Romans 8:38-39

FATHER'S LOVE LETTER

6부

지금 내게 오지 않으련?

 Father's Love Letter #53

너를 기다리는 아버지의 집으로 돌아오렴
천국에서 가장 큰 잔치를 베풀 거란다

누가복음 15장에 기록된 탕자 이야기에서 집으로 돌아온 아들은 혹독한 비난을 받을 것이라고 생각했지만 아버지는 오히려 아들을 위해 성대한 잔치를 베풀어주셨습니다. 하나님 아버지는 잃어버린 한 영혼이 집으로 돌아올 때마다 몇 번이고 되풀이해서 성대한 잔치를 열어주심으로 우리를 놀라게 하십니다. 고아나 탕자가 그 길을 돌이켜 아버지의 품으로 돌아왔을 때 매번 잔치가 열립니다. 이러한 아버지의 마음은 은혜와 긍휼로 충만합니다. 그리고 길을 잃은 자녀들에게 집으로 돌아와서 잔치에 참여하라고 간절히 청하십니다.

"내가 너희에게 말한다. 이와 같이 하늘에서는,
회개할 필요가 없는 의인 아흔아홉보다,
회개하는 죄인 한 사람을 두고 더 기뻐할 것이다."

누가복음 15:7

I tell you that in the same way there will be more rejoicing in heaven
over one sinner who repents than over ninety-nine righteous persons
who do not need to repent.

Luke 15:7

 Father's Love Letter #54

나는 언제나 네 아버지였고,
앞으로도 영원히 너의 아버지란다

하나님은 모든 만물의 창조주일 뿐만 아니라 하늘과 땅에 존재하는 모든 가족의 아버지가 되기도 하십니다. '창조주'라는 이름이 하나님이 하신 일들을 의미한다면, '아버지'라는 이름은 하나님이 어떤 분인지를 표현합니다. 하나님은 모든 피조물 위에 군림하는 비인격적인 신이 아니라 당신의 개인적인 아버지로 기억되기를 바라십니다. 아버지가 되시는 하나님의 새로운 성품을 발견하고 그 사랑의 마음이 당신의 가슴에 와 닿으면 마치 어린아이가 "아빠!" 하고 부르듯 하나님을 아빠라고 부를 수 있습니다. 아버지는 당신이 부르는 그 음성을 듣고 싶어 하십니다.

"그러므로 나는 아버지께 무릎을 꿇고 빕니다.
아버지께서는 하늘과 땅에 있는 각 족속에게 이름을 붙여주신 분이십니다."

에베소서 3:14-15

For this reason I kneel before the Father,
15. from whom his whole family in heaven and on earth derives its name.

Ephesians 3:14-15

 Father's Love Letter #55

나의 자녀가 되어 주겠니?

당신은 하나님의 독생자를 선물로 받았습니까? 아니면 아직도 결정을 미루고 있습니까? 결정은 당신이 하는 것입니다. 하나님은 단 한 사람도 이 귀한 선물을 거절하지 않기를 바라지만 결코 선택을 강요하거나 억압하지는 않으십니다. 이 선물은 자유롭게 주시는 것이며, 또 자유롭게 받는 것입니다. 하나님께 속하는 이 일은 인간이 경험할 수 있는 가장 놀라운 사건입이다. 당신은 처음부터 아버지의 집에서, 아버지의 영광스러운 자녀로 창조되었습니다.

"그러나 그를 맞아들인 사람들, 곧 그 이름을 믿는 사람들에게는,
하나님의 자녀가 되는 특권을 주셨다.
이들은 혈통에서나, 육정에서나, 사람의 뜻에서 나지 아니하고,
하나님에게서 났다."

요한복음 1:12-13

Yet to all who received him, to those who believed in his name,

he gave the right to become children of God-

children born not of natural descent,

nor of human decision or a husband's will, but born of God.

John 1:11-12

Father's Love Letter #56

나는 이렇게
너만을 기다리고 있단다

하나님 아버지는 목적도, 희망도, 아버지의 사랑도 없이 방황하는 잃어버린 모든 영혼들이 돌아오기를 간절히 기다리십니다. 당신이 아버지의 사랑을 떠나 다른 곳에서 헤매고 있다면, 지금도 두 팔 벌리고 당신이 돌아오기를 기다리시는 그분을 기억하십시오. 하나님 아버지는 당신이 집에 돌아왔을 때 성대한 파티를 열어주시려고 기다리십니다. 그러나 아버지는 강요하지 않으십니다. 당신이 스스로 자유롭게 선택하기 원하시기 때문입니다. 그러므로 더 이상 시간을 허비하지 마십시오. 이제 아버지 품으로 돌아와, 일생 동안 찾아 헤매던 그 사랑을 발견하십시오. 아버지가 팔이 아프도록 당신을 품에 안고자 기다리십니다.

"… 그제서야 그는 제정신이 들어서, 이렇게 말하였다.
'… 내가 일어나 아버지에게 돌아가서, 이렇게 말씀드려야 하겠다.
아버지, 내가 하늘과 아버지 앞에 죄를 지었습니다.
나는 더 이상 아버지의 아들이라고 불릴 자격이 없으니,
나를 품꾼의 하나로 삼아 주십시오.' 그는 일어나서, 아버지에게로 갔다.
그가 아직도 먼 거리에 있는데, 그의 아버지가 그를 보고 측은히 여겨서,
달려가 그의 목을 껴안고, 입을 맞추었다. …"

누가복음 15:11-24

I will set out and go back to my father and say to him:
Father, I have sinned against heaven and against you.
I am no longer worthy to be called your son;
make me like one of your hired men.
So he got up and went to his father.
But while he was still a long way off, his father saw him
and was filled with compassion for him; he ran to his son,
threw his arms around him and kissed him.

Luke 15:11-24

 Father's Love Letter #57

사랑의 마음을 담아서,
너의 아버지 전능자 하나님으로부터

　이 편지는 거룩한 하나님의 권위와 아버지의 부드러운 사랑, 두 가지 개념을 모두 표현하고 있습니다. 하나님의 이 두 성품은 상반되는 것 같지만 모두 진리입니다. 공의롭고 전능하시지만 또한 부드럽고 사랑이 넘치는 하나님께 당신은 무한한 사랑을 받고 있습니다. 그분은 전능자이면서 또한 다정하신 당신의 하늘 아버지입니다. 하늘과 땅을 창조하신 위대한 하나님이 당신을 모태에서부터 정성을 다해 창조하셨습니다. 온 나라를 떨게 만드시는 분, 모든 왕들의 마음을 주관하시는 하나님께서 당신이 다가오기를 애타게 기다리고 계십니다. 이제 그분께 오십시오! 얼마나 멋지고 신비한 일입니까!

아바 아버지, 하나님은 전능하신 분이십니다.
또한 제가 일생 동안 찾아 헤매던 바로 그 아버지입니다.
예수님의 죽음과 무덤에 묻히심
그리고 부활하심을 통해서 보여주신 아버지의 그 사랑을,
지금 이 순간 선물로 받아들입니다.
천국의 소망을 주신 주님.
나를 사랑하사 자녀 삼아 주시니
영원토록 감사와 찬양을 드립니다. 아멘.

부록

아버지의 사랑

누가복음 15:11-24

예수께서 말씀하셨다.

"어떤 사람에게 아들이 둘 있는데 작은 아들이 아버지에게 말하기를 '아버지, 재산 가운데서 내게 돌아올 몫을 내게 주십시오' 하였다. 그래서 아버지는 살림을 두 아들에게 나누어 주었다.

며칠 뒤에 작은 아들은 제 것을 다 챙겨서 먼 지방으로 가서, 거기서 방탕하게 살면서, 그 재산을 낭비하였다. 그가 모든 것을 탕진했을 때에, 그 지방에 크게 흉년이 들어서, 그는 아주 궁핍하게 되었다. 그래서 그는 그 지방의 주민 가운데 한 사람을 찾아가서, 몸을 의탁하였다. 그 사람은 그를 들로 보내서 돼지를 치게 하였다. 그는 돼지가 먹는 쥐엄 열매라도 좀 먹고 배를 채우고 싶은 심정이었으나, 그에게 먹을 것을 주는 사람이 없었다.

그제서야 그는 제정신이 들어서, 이렇게 말하였다. '내 아버지의 그 많은 품꾼들에게는 먹을 것이 남아도는데, 나는 여기서 굶어 죽는구나. 내가 일어나 아버지에게 돌아가서, 이렇게 말씀드려야 하겠다. 아버지, 내가 하늘과 아버지 앞에 죄를 지었습니다. 나는 더 이상 아버지의 아들이라고 불릴 자격이 없으니, 나를 품꾼의 하나로 삼아 주십시오.'

그는 일어나서, 아버지에게로 갔다. 그가 아직도 먼 거리에 있는데, 그의 아버지가 그를 보고 측은히 여겨서, 달려가 그의 목을 껴안고, 입을 맞추었다. 아들이 아버지에게 말하였다. '아버지, 내가 하늘과 아버지 앞에 죄를 지었습니다. 이제부터 나는 아버지의 아들이라고 불릴 자격이 없습니다.'

그러나 아버지는 종들에게 말하였다. '어서, 가장 좋은 옷을 꺼내서, 그에게 입히고, 손에 반지를 끼우고, 발에 신을 신겨라. 그리고 살진 송아지를 끌어내다가 잡아라. 우리가 먹고 즐기자. 나의 이 아들은 죽었다가 살아났고, 내가 잃었다가 되찾았다.' 그래서 그들은 잔치를 벌였다.

이렇게 기도하세요

| 새 힘이 필요할 때 |

제 삶을 특별하게 만드시고 저에 관한 모든 날들을 생명책에 기록해주신 하나님을 신뢰합니다. 아버지께서 저를 이 세상에 보내셨고, 하루하루를 이미 계획하셨다는 사실을 항상 기억하게 해주십시오. 매일매일 주님이 주시는 힘과 용기로 살아가게 하소서. 아멘

| 자존감이 무너질 때 |

아버지, 때때로 하나님의 사랑 밖으로 밀려났다고 느낄 때에도 하나님은 변함없이 저를 사랑하셨음을 이제는 알 수 있습니다. 내 삶의 작고 작은 영역까지도 세심하게 살피시는 하나님을 더욱 신뢰합니다. 내 머리카락까지 다 세고 계실만큼 제게 관심을 가지고 배려해주심을 감사드립니다. 아버지께서 저를 그 무엇보다 귀중한 존재로 뜨겁게 사랑하심을 느낍니다. 이 행복한 깨달음을 이 순간 내 마음 깊숙히 새겨지게 하소서. 아멘

| 공급자인 하나님의 도우심을 구할 때 |

아버지, 저는 그동안 여러 가지 크고 작은 필요 앞에서 걱정을 앞세웠습니다. 하지만 이제부터는 오늘 하루의 필요를 온전히 채워가실 아버지께 모

든 것을 맡깁니다. 저를 깊이 사랑하시는 아버지 곁에 오늘 더 가까이 다가가 필요한 모든 것을 구하게 하소서. 아멘

| 위로자인 하나님을 만나고 싶을 때 |

아버지, 제 마음이 상하고 슬픔으로 눈물 흘릴 때 하나님은 제 곁에 가까이 계셔서 위로하신다는 사실에 용기를 얻습니다. 상처받고 좌절한 저를 아버지의 사랑의 팔로 안아주소서. 돌아보니, 인생의 가장 힘든 순간마다 하나님은 항상 저와 함께 계셨습니다. 어려운 순간마다 피난처가 되시는 주님을 의지합니다. 아멘

| 아버지의 자녀라는 확신이 필요할 때 |

아버지, 때로는 세상이 저에게 등을 돌리는 것 같습니다. 그러나 아버지의 사랑은 모든 일들이 합력하여 선을 이루게 하십니다. 예수님은 저를 향한 아버지의 사랑을 증명해 주셨고, 아버지의 한없는 너그러움과 보살핌에 대한 확신을 얻게 해주셨습니다. 제가 영원히 아버지의 자녀라는 사실에 감사드립니다. 아멘

나를 지으신 주님 내 안에 계셔
처음부터 내 삶은 그의 손에 있었죠
내 이름 아시죠 내 모든 생각도
내 흐르는 눈물 그가 닦아 주셨죠

그는 내 아버지 난 그의 소유
내가 어딜 가든지 날 떠나지 않았죠
내 이름 아시죠 내 모든 생각도
아바라 부를 때 그가 들으시죠

I have a Maker He formed my heart
before even time began My life was in his hands
He knows my name He knows my every thought
He sees each tear that falls and He hears me when I call

I have a Father He calls me his own
He'll never leave me No matter where I go
He knows my name He knows my every thought
He sees each tear that falls and He hears me when I call

〈He Knows My Name〉, Tommy Walker

터치북스는 이렇게 만듭니다

1. 마음과 영혼을 울리는 책을 만듭니다.
2. 경건한 독자들의 지성과 성품에 어울리는 책을 만듭니다.
3. 세월이 흘러도 간직하고 싶은 책을 만듭니다.
4. 영혼의 성장에 꼭 필요한 책을 만듭니다.
5. 출판으로 교회와 독자들을 섬기겠습니다.

사랑하는 내 딸아

초판 1쇄 펴낸 날 2006년 12월 7일
개정판 1쇄 펴낸 날 2018년 8월 10일

지은이 배리 아담스
옮긴이 우수명

펴낸이 우수명
펴낸곳 (주)아시아코치센터 임프린트 터치북스
출판등록 제129-81-80357호 (2005.1.12)
주소 서울시 강남구 테헤란로 25길 30 4층(역삼동, 한라빌딩)
전화 02-538-0439, 3959 **팩스** 02-566-7754
이메일 coach8@asiacoach.co.kr

ISBN 979-11-85098-34-0 (03230)

책값은 표지에 있습니다.
잘못 만들어진 책은 구입한 곳에서 바꿔 드립니다.
이 책은 《아버지의 러브레터》의 개정판입니다.